One Shade of Grey
Aidan Friend

Table of Contents

One Shade of Grey

Chapter 1:
The First Shade of Grey

One Shade of Grey

One Shade of Grey

3

One Shade of Grey

4

One Shade of Grey

5

One Shade of Grey

One Shade of Grey

One Shade of Grey

One Shade of Grey

One Shade of Grey

One Shade of Grey

14

One Shade of Grey

Chapter 2:
The Twelfth Page of Grey

One Shade of Grey

One Shade of Grey

One Shade of Grey

One Shade of Grey

One Shade of Grey

One Shade of Grey

One Shade of Grey

One Shade of Grey

One Shade of Grey

One Shade of Grey

One Shade of Grey

One Shade of Grey

One Shade of Grey

One Shade of Grey

One Shade of Grey

One Shade of Grey

28

One Shade of Grey

One Shade of Grey

One Shade of Grey

One Shade of Grey

32

One Shade of Grey

One Shade of Grey

One Shade of Grey

One Shade of Grey

One Shade of Grey

One Shade of Grey

One Shade of Grey

Chapter 3:
The Real Shade of Grey

One Shade of Grey

One Shade of Grey

One Shade of Grey

One Shade of Grey

44

One Shade of Grey

One Shade of Grey

One Shade of Grey

One Shade of Grey

49

One Shade of Grey

50

One Shade of Grey

One Shade of Grey

One Shade of Grey

54

One Shade of Grey

One Shade of Grey

One Shade of Grey

One Shade of Grey

One Shade of Grey

One Shade of Grey

60

One Shade of Grey

One Shade of Grey

One Shade of Grey

One Shade of Grey

64

One Shade of Grey

66

One Shade of Grey

One Shade of Grey

One Shade of Grey

Chapter 4:
The Return of the Grey

69

One Shade of Grey

(͡° ͜ʖ ͡°)

One Shade of Grey

One Shade of Grey

One Shade of Grey

One Shade of Grey

One Shade of Grey

One Shade of Grey

One Shade of Grey

One Shade of Grey

One Shade of Grey

Chapter 5:
The Grey Strikes Back

One Shade of Grey

One Shade of Grey

One Shade of Grey

One Shade of Grey

One Shade of Grey

85

One Shade of Grey

One Shade of Grey

One Shade of Grey

One Shade of Grey

One Shade of Grey

90

One Shade of Grey

One Shade of Grey

One Shade of Grey

One Shade of Grey

One Shade of Grey

One Shade of Grey

One Shade of Grey

One Shade of Grey

One Shade of Grey

One Shade of Grey

One Shade of Grey

One Shade of Grey

One Shade of Grey

One Shade of Grey

One Shade of Grey

One Shade of Grey

One Shade of Grey

One Shade of Grey

One Shade of Grey

Chapter 6:
The Big Grey

One Shade of Grey

One Shade of Grey

One Shade of Grey

One Shade of Grey

One Shade of Grey

One Shade of Grey

One Shade of Grey

120

One Shade of Grey

One Shade of Grey

One Shade of Grey

One Shade of Grey

One Shade of Grey

One Shade of Grey

One Shade of Grey

One Shade of Grey

One Shade of Grey

One Shade of Grey

One Shade of Grey

One Shade of Grey

One Shade of Grey

133

One Shade of Grey

134

One Shade of Grey

Chapter 7:
One Shade Darker
(Not Really)

One Shade of Grey

137

One Shade of Grey

One Shade of Grey

One Shade of Grey

140

One Shade of Grey

One Shade of Grey

One Shade of Grey

One Shade of Grey

144

One Shade of Grey

146

One Shade of Grey

One Shade of Grey

148

One Shade of Grey

One Shade of Grey

Chapter 8:
The Ultimate Shade of Grey

One Shade of Grey

One Shade of Grey

One Shade of Grey

One Shade of Grey

One Shade of Grey

One Shade of Grey

One Shade of Grey

158

One Shade of Grey

One Shade of Grey

160

One Shade of Grey

One Shade of Grey

One Shade of Grey

One Shade of Grey

One Shade of Grey

One Shade of Grey

One Shade of Grey

One Shade of Grey

169

One Shade of Grey

therid

170

Made in the USA
San Bernardino, CA
28 October 2018